¿CUÁNTOS MOLLETES HAY?

por Shaunda Wenger

Contenido

¿Por qué los niños organizan una venta de panes?.............. página 4

¿Cuántos molletes quedan?...... página 6

¿Quién compra los últimos molletes?................................... página 12

Yo necesito saber estas palabras.

comprar

dinero

molletes

restar

tortuga

venta de panes

¿Por qué los niños organizan una venta de panes?

Hoy es la gran venta de panes. Jaime y Eugenia quieren reunir dinero para comprar una tortuga. Jaime y Eugenia quieren vender 50 molletes.

▲ ¡Jaime y Eugenia están listos!

Jaime y Eugenia deben cuidar de la tortuga. Ellos necesitarán comprar una pecera, alimento y otras cosas. Ellos necesitan $50. ¡Jaime y Eugenia están listos para vender molletes!

¿Cuántos molletes quedan?

—Voy a restar cada vez que alguien compre molletes. Entonces sabré cuántos quedan —dice Jaime.

—¡Buena idea! Espero que vendamos todos los molletes —dice Eugenia.

▲ Jaime y Eugenia quieren vender 50 molletes.

Eugenia vende 13 molletes. Jaime resta para saber cuántos molletes quedan.

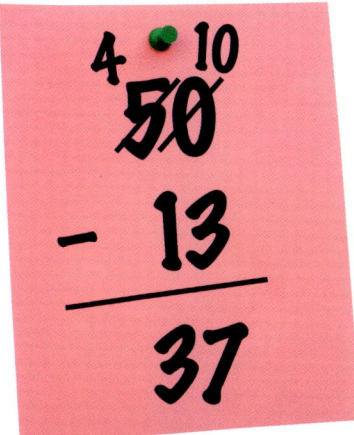

▲ Ahora, quedan 37 molletes.

Leo y Samuel se acercan a la mesa. Leo y Samuel son amigos de Jaime. —Vamos a vender molletes a nuestros amigos —dice Leo.

Ellos compran 10 molletes. ¿Cuántos molletes quedan?

—Este mollete se ve sabroso —dice Leo.

▲ Jaime resta los números otra vez.

Jaime y Eugenia venden 15 molletes más.

¿Cuántos molletes quedan?

$$\begin{array}{r}27\\-15\\\hline 12\end{array}$$

¿Quién compra los últimos molletes?

La señorita Leuco se acerca a la mesa. La señorita Leuco es una maestra. Ella compra 10 molletes para su clase.

—¡Señorita Leuco, nos ha ayudado mucho con nuestra venta de molletes! —dicen Jaime y Eugenia.

¡La señorita Leuco ayudó a los niños a lograr su meta!

▲ ¡La señorita Leuco los ayudó!

Jaime resta 10 molletes del total. ¿Cuántos molletes quedan?

▲ ¡Ahora, sólo quedan dos molletes por vender!

—Quedan dos molletes. Yo voy a comprar uno —dice Jaime.

—Yo también voy a comprar uno —dice Eugenia.

—Ahora, vamos a poder comprar la tortuga —exclaman Jaime y Eugenia.

▲ Jaime y Eugenia vendieron todos los molletes.

Jaime y Eugenia pueden cuidar de su mascota. Jaime y Eugenia van a comprar muchas cosas para su tortuga.